中 文

（修订版）

第四册 练习册 Ⓑ

中国暨南大学华文学院 编

暨南大学出版社
中国 · 广州

目 录
Contents

yí hé yuán

2. 颐和园

Lesson 2 The Summer Palace

xīng qī yī

星期一

Monday

xiě yi xiě

1. 写一写（Learn to write.）

美	美	美	美	美	美	美
丽	丽	丽	丽	丽	丽	丽
完	完	完	完	完	完	完
登	登	登	登	登	登	登
景	景	景	景	景	景	景
色	色	色	色	色	色	色
岸	岸	岸	岸	岸	岸	岸
岛	岛	岛	岛	岛	岛	岛

dú yi dú
2. 读一读 (Read aloud.)

高高的柱子	高高的山	长长的石桥	长长的走廊(láng)
蓝色的天空	白色的雪花	绿色的小草	
美丽的风景	美丽的小岛	可爱的小动物	可爱的小狮子
亲爱的老师	亲爱的爸爸妈妈	古老的中国	热闹的新年

zhào lì zi gǎi cuò bié zì
3. 照例子改错别字 (Find out and correct the wrong characters after the model.)

lì
例：这是美丽的儿童公元。（园）

(1) 没着这条路向全走就是书店。（沿）（望）

(2) 那儿有一坐长长的石乔。（座）（桥）

(3) 胡中心有个美丽的小鸟，远远望去，上面一片绿色的树木。（岛）（分）

(4) 桥两边的石主上有很多小师子。（狮）（柱）

shǔ bǐ huà tián kòng
4. 数笔画，填空 (Count the strokes and fill in the blanks.)

(1) “邮”一共有___画，左边是由___，右边是阝___。

(2) “色”一共有___画，上边是⺈___，下边是巴___。

(3) “登”一共有___画，上边是癶___，下边是豆___。

(4) “沿”一共有___画，左边是氵___，右边是㕣___。

(5) “桥”一共有___画，左边是木___，右边是乔___。

(6) “柱”一共有___画，左边是木___，右边是主___。

5. 照例子连一连，组词语 (Link and form phrases after the mdel.)

zhào lì zi lián yi lián zǔ cí yǔ

十	西	小	美	可	中	景
北	丽	分	岛	色	心	爱
西北	美丽	十分	小岛	景色	中心	可爱

6. 读课文，填空 (Fill in the blanks according to the text.)

dú kè wén tián kòng

(1) 在 中国北京城 的 西北，有一个 美丽的 大公园，它 的名字叫颐(yí)和园。

(2) 进了公园东大门，有一条 长长的 走廊(láng)，这 就是 有名的长廊(láng)。

(3) 登上 万寿(shòu)山，颐(yí)和园的 景色 都能看到。

(4) 昆(kūn)明湖 长长的 湖岸边 一片 绿色。

(5) 沿着湖边 向东 走，来到湖的东岸，从 湖的东岸 到 湖中心的小岛，要走过一座长长的石桥。

(6) 桥两边的石柱上有 很多 小狮子。它们 都很生动，十分 可爱。

7. 照例子写句子 (Reconstruct the sentences with the given expressions after the model.)

zhào lì zi xiě jù zi

例(lì)：山上有树。(高高的)

山上有高高的树。

(1) 我家有一个花园。(美丽的)

我家有一个美丽的花园。

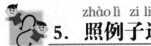

(2) 公园里有一条走廊(láng)。（长长的）

公园里有一条长长的走廊。

(3) 桥上有很多小狮子。（可爱的）

桥上有很多可爱的小狮子。

(4) 我的中文水平有了提高。（很大的）

我的中文水平有了很大的提高。

xīng qī èr 星期二 Tuesday

1. xiě yi xiě 写一写 (Learn to write.)

景 色 岸 岛 沿 座 桥

2. 读一读 (Read aloud.)

dú yi dú

一座山　一棵绿色的大树　一座高高的山　一座长长的桥

一棵树　一座桥　一个美丽的花园

一条有名的长廊(láng)　一个花园

一个美丽的小岛　一条鱼

一只小鸟　一只可爱的小鸟

一件事　一双手

一本书　一件大衣

3. 照例子写出有相同部首的字 (Write characters with the same radicals with the given characters after the model.)

zhào lì zi xiě chū yǒu xiāng tóng bù shǒu de zì

例(lì)：明：晴

岸：____　狮：____　啊：____

动：____　沿：____　桥：____

4. 照例子写汉字 (Combine these parts to make characters after the model.)

zhào lì zi xiě hàn zì

例(lì)：人 + 王 → 全

日 + 京 → ____　木 + 乔 → ____　犭 + 师 → ____

氵 + 㕣 → ____　广 + 坐 → ____　云 + 力 → ____

bǐ yi bǐ zài zǔ cí yǔ

5. 比一比，再组词语 (Compare and form phrases.)

完 做完	景 景色	岛 海岛
安 安心	京 北京	鸟 小鸟
桥 小桥	美 美丽	沿 沿岸
柱 柱子	羊 小羊	没 没有

dú kè wén pàn duàn jù zi duì de dǎ cuò de dǎ

6. 读课文，判断句子，对的打"√"，错的打"×"

(Judge the correctness of the sentences below with "√" on each right sentence and "×" on each wrong sentence according to the text.)

(1) 颐(yí)和园在中国北京城的西北。 (√)

(2) 站在万寿(shòu)山上面，北京城的景色都能看到。 (×)

(3) 万寿(shòu)山的后面就是昆(kūn)明湖。 (×)

(4) 十七孔(kǒng)桥在昆(kūn)明湖中心的小岛上。 (×)

(5) 十七孔(kǒng)桥上有很多小狮子。 (√)

(6) 十七孔(kǒng)桥上有十七个桥洞。 (×)

zhào lì zi xiě jù zi

7. 照例子写句子 (Reconstruct the sentences with "可" after the model.)

例(lì)：云云跑得真快啊！ (可)

云云跑得可真快啊！

(1) 这儿的景色真美啊！ (可)

这儿的景色可真美啊！

(2) 这座桥真长啊！ (可)

这座桥真真长啊！

(3) 亮亮家的花园真大啊！ （可）

亮亮家的花园可真大啊!

(4) 他爷爷的身体真好啊！ （可）

他爷爷的身体可真好啊!

xīng qī sān
星期三
Wednesday

xiě yi xiě
1. 写一写 (Learn to write.)

沿

座

桥

柱

狮

啊

分

2. 读一读 (Read aloud.)

我从万^{shòu}寿山走下来。

爸爸从马路对面走过来。

小鸟从树林里飞出来。

飞机从我头上飞过去。

爷爷从房间里走出来。

弟弟从教室里走出去。

汽车从山下开上来。

3. 照例子写一写 (Write characters below in the stroke order after the model.)

例：丨 → 卜 → 上

丨 → 屮 → 屮 → 屵 → 屵 → 岸

丿 → 夕 → 乌 → 刍 → 色

丶 → 冫 → 氵 → 氵 → 沿 → 沿

丿 → 八 → 分 → 分

丿 → 夕 → 鸟 → 鸟 → 岛

二 → 丌 → 丽 → 丽 → 丽 → 丽

4. 照例子写汉字，再组词语 (Write characters and form phrases after the model.)

例：圭 → 封 → 信封

豆 → 登 → 登山

坐 → 座 → 座楼

师 → 狮 → 狮子

巴 → 色 → 景色

主 → 柱 → 柱子

元 → 完 → 完成

乔→桥→小桥　　山→岛→小岛

zhào lì zi xiě fǎn yì cí
5. 照例子写反义词 (Write antonyms after the model.)

lì
例：大——小

高——低　　笑——哭　　外面——里面

前面——后面　　左边——右边　　上面——下面

lián cí chéng jù
6. 连词成句 (Put the given words in the correct order to make sentences.)

(1) 就　这　有名　是　长廊(láng)　的

这就是有名的长廊。

(2) 美丽　就　的　这　颐(yí)和园　是

这就是美丽的颐和园。

(3) 亮亮　是　的　就　爸爸　那

那就是亮亮的爸爸。

(4) 的　那　我　是　家　就

那就是我的家。

(5) 那　的　是　弟弟　云云　就

那就是云云的弟弟

7. 看图，照例子完成句子 (Complete the sentences according to the picture after the model.)

kàn tú zhào lì zi wán chéng jù zi

例：<u>在</u>中国北京城的<u>西北</u>，有一个美丽的大公园。

______我家的______，有一个美丽的______；______我家的______，有一座高高的______；______我家的______，有一条长长的______；______我家的______，有一家热闹的______。

xīng qī sì
星期四
Thursday

xiě yi xiě
1. 写一写 (Learn to write.)

柱	柱	柱	柱	柱	柱	柱
狮	狮	狮	狮	狮	狮	狮
啊	啊	啊	啊	啊	啊	啊
美	美	美	美	美	美	美
丽	丽	丽	丽	丽	丽	丽
完	完	完	完	完	完	完
分	分	分	分	分	分	分
登	登	登	登	登	登	登

dú yi dú

2. 读一读 (Read aloud.)

登山　登场　登高　登记　登山运动

岸边　岸上　小岛　海岛

沿着　沿着湖边　沿岸　沿海　沿江　沿街

柱子　石柱　一根柱子　狮子　石狮子

这几本书云云都看过。

那几件事方方都知道。

xiě chū xià liè zì de piān páng bù shǒu

3. 写出下列字的偏旁部首 (Fill in the blanks with the radicals of the given characters below.)

景：____　桥：____　分：____　登：____　完：____

岛：____　狮：____　啊：____　岸：____　座：____

zhào lì zi xiě hàn zì　zài zǔ cí yǔ

4. 照例子写汉字，再组词语 (Combine these parts to make characters and form phrases after the model.)

lì

例：圭＋寸→封→信封

⺷＋大→____→____　　日＋京→____→____

氵＋㕣→____→____　　犭＋师→____→____

夕＋口→____→____　　云＋力→____→____

dú yi dú　zài zǔ cí yǔ

5. 读一读，再组词语 (Read and form phrases.)

{丽____　{登____　{岸____

{立____　{灯____　{安____

{岛 小岛
{到 我们到了

{沿 沿岸
{盐 盐水

{狮 狮子
{师 老师

lián cí chéng jù

6. 连词成句 (Put the given words in the correct order to make sentences.)

lì
例：的　这里的　都　景色　看过　我们

这里的景色我们都看过。

(1) 事　几件　都　这　他　知道

这事他知道几件。

(2) 这　她　都　看　过　书　几本

她都看过这几本书。

(3) 玩具　这　都　云云　几个　过　玩

云云都玩过这几个玩具。

(4) 吃　水果　这里　方方　都　过　的

方方都吃过这里的水果。

dú kè wén　huí dá wèn tí

7. 读课文，回答问题 (Answer the following questions according to the text.)

(1) 颐(yí)和园在什么地方？长廊(láng)是什么样的？

答：北京的西北。公园的东大门。

(2) 在哪个地方，颐(yí)和园的景色都能看到？

答：登上万寿山。

(3) 昆(kūn)明湖在什么地方？

答：万寿山的前面。

(4) 湖中心有什么？

答：有一个美丽的小岛。

kǒng
(5) 为什么那座石桥叫十七孔桥？

答：______________________________

(6) 石柱上的小狮子什么样？

答：他门很生动

xīng qī wǔ
星期五
Friday

bǎ xià mian de zì xiě wán zhěng
1. 把下面的字写完整 (Complete the following characters.)

丽 登 色 岛 岸 座

啊 沿

zhào lì zi xiě chū dài yǒu xià liè piān páng bù shǒu de zì
2. 照例子写出带有下列偏旁部首的字 (Write characters with the given radicals below after the model.)

lì
例：日： 明 景 时 昨

木： 桥 样 朴 杜

氵： 江 汪 活 激

犭： 狮 狂 猩 狠

xuǎn cí yǔ tián kòng

3. 选词语填空 (Choose the right words to fill in the blanks.)

(1) 进去　过去　下来　出来

明明从山上跑__过去__。

他走__进去__，一会儿又出来了。

一辆汽车从我旁边开__出来__。

妈妈从书店里走__下来__。

(2) 条　座　根　件　本　只

那儿有几__只__柱子。

进了公园大门，有一__座__长长的走廊(láng)。

颐(yí)和园里有一__根__石桥。

一__只__小鸟在树上唱歌。

我要告诉你一__件__事。

河里有三__条__小鱼。

书包里有两__本__书。

zhào lì zi zǔ cí yǔ

4. 照例子组词语 (Form phrases after the model.)

例(lì)：广：__广场__　__广大__

美：__美丽__　__很美__　　登：__登山__　__登高__

桥：__小桥__　__大桥__　　分：__十分__　__一分__

完：__做完__　__完成__　　景：__景色__　__景点__

5. 连词成句 (lián cí chéng jù) (Put the given words in the correct order to make sentences.)

(1) 很多　石柱上　可爱　有　的　小　狮子

石柱上有很多可爱的小狮子

(2) 景色　真　可　啊　的　颐(yí)和园　美

颐和园的景色可真美啊。

(3) 的　有名　这　是　长城　就

这就是有名的长城。

(4) 去过　我们　都　这　公园　几个

我们都去过这几个公园。

(5) 昆(kūn)明湖　万寿(shòu)山　是　就　前面

万寿山前面就是昆明湖。

6. 造句 (zào jù) (Make sentences with the given words or expressions.)

(1) 美丽 他美丽啊!

(2) 中心 我很中心。

(3) 从…到… 我从中国到美国。

(4) 生动 我很生动!

(5) 十分 我有十分

7. 改病句 (gǎi bìng jù) (Correct the following sentences.)

(1) 在西北的北京有个大公园美丽的。

在西北的北京有个美丽的大园。

(2) 从我山上走下来。

我从山上走下来

(3) 我们向东走沿着湖边。

我们向东沿着湖边去。

(4) 湖岸边绿色一片。

(5) 它们很都生动，十分可爱。

它们都很生动，十分可爱。

(6) 这里的景色真可美啊！

这里的景色可真美啊。

bǎ kè wén dú gěi bà ba mā ma tīng ràng tā men píng ping fēn

8. 把课文读给爸爸妈妈听，让他们评评分

(Read the text aloud to your parents and ask them to grade your performance.)

评 分	家长签名

shài tài yáng
4. 晒太阳

Lesson 4　Enjoy the Sunshine

xīng qī yī
星期一
Monday

xiě yi xiě
1. 写一写 (Learn to write.)

晒	晒	晒	晒	晒		
照	照	照	照	照		
处	处	处	处	处		
寻	寻	寻	寻	寻		

dú yi dú
2. 读一读 (Read aloud.)

晒太阳　晒一晒　太阳不晒草不绿

光照　照明　照亮　照办　照样　照看　照例

太阳照　照四方

太阳出来照四方，它的好处不寻常。

3. 照例子改错别字 (Find out and correct the wrong characters after the model.)

例：一洋→一样

晒太阳→晒太阳　　昭明→昭明　　境子→镜子

好外→好处　　寻尝→寻常　　大阳→太阳

暖阳阳→暖洋洋　身休→身体　　建康→健康

4. 照例子写出下列字的偏旁部首 (Fill in the blanks with the radicals of the given characters below after the model.)

例：体：亻

服：月　　暖：日　　熟：灬

康：广　　被：衤　　阳：阝

5. 照例子连一连，组词语 (Link and form phrases after the model.)

国　　常　寻常
晒　　康　健康
照　　家　国家
好　　子　被子
寻　　亮　照亮
被　　太阳　晒太阳
健　　处　好处

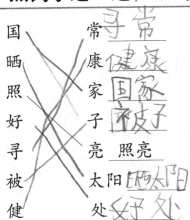

dú kè wén tián kòng
6. 读课文，填空（Fill in the blanks according to the text.）

香 绿 熟 长

(1) 太阳不晒草不 绿 。

(2) 太阳不晒苗不 长 。

(3) 太阳不晒果不 熟 。

(4) 太阳不晒花不 香 。

zhào lì zi xiě jù zi
7. 照例子写句子（Reconstruct the sentences with “不…不…” after the model.）

lì
例：太阳晒了草才绿。（不…不…）

太阳不晒草不绿。

(1) 太阳晒了苗才长。（不…不…）

太阳不晒苗不长。

(2) 太阳晒了果才熟。（不…不…）

太阳不晒果不熟

(3) 太阳晒了花才香。（不…不…）

太阳不晒花不香。

(4) 太阳晒了身体才健康。（不…不…）

太阳不晒身体不健康。

xīng qī èr
星期二
Tuesday

xiě yi xiě
1. 写一写 (Learn to write.)

处 寻 熟 服

dú yi dú
2. 读一读 (Read aloud.)

好处　长处　别处　高处　低处　远处

四处　处处　到处　寻找　寻常

太阳的好处不寻常。春雨的好处不寻常。雪的好处不寻常。

shǔ bǐ huà　tián kòng
3. 数笔画，填空 (Count the strokes and fill in the blanks.)

(1) “暖”一共有__13__画，左边是__目__，右边是__爰__。

(2) “健”一共有__10__画，左边是__亻__，右边是__建__。

(3) “康”一共有<u>11</u>画，外边是<u>广</u>，里边是<u>隶</u>。

(4) “被”一共有<u>10</u>画，左边是<u>衤</u>，右边是<u>皮</u>。

(5) “晒”一共有<u>10</u>画，左边是<u>日</u>，右边是<u>西</u>。

(6) “体”一共有<u>7</u>画，左边是<u>亻</u>，右边是<u>本</u>。

zhào lì zi lián yi lián xiě hàn zì

4. 照例子连一连，写汉字 (Link and write after the model.)

日	建	健
夂	艮	服
亻	寸	寻
孰	隶	康
月	灬	熟
昭	西	晒
彐	卜	处
广	灬	照

dú yi dú zài zǔ cí yǔ

5. 读一读，再组词语 (Read and form phrases.)

处 好处 出 出去	辛 ____ 信 信封	熟 熟了 树 树林
服 衣服 付 ____	被 被子 妹 ____	暖 暖和 满 ____

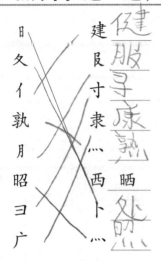

dú kè wén pàn duàn jù zi duì de dǎ cuò de dǎ

6. 读课文，判断句子，对的打“√”，错的打“×”

(Judge the correctness of the sentences below with “√” on each right sentence and “×” on each wrong sentence according to the text.)

(1) 太阳的好处很寻常。 (×)

(2) 太阳不晒草不绿。 (√)

(3) 太阳不晒果才熟。 (×)

(4) 晒过太阳，身上暖洋洋。 (√)

(5) 被子也要晒太阳。 (√)

(6) 常晒太阳不健康。 (×)

zhào lì zi xiě jù zi

7. 照例子写句子 (Reconstruct the sentences with “…不…” after the model.)

lì

例：太阳的好处寻常吗？ (…不…)

太阳的好处不寻常。

(1) 太阳不晒草绿吗？ (…不…)

太阳不晒草不绿。

(2) 太阳不晒苗长吗？ (…不…)

太阳不晒苗不长

(3) 太阳不晒果熟吗？ (…不…)

太阳不晒果不熟。

(4) 太阳不晒花香吗？ (…不…)

太阳不晒花不香。

(5) 太阳不晒身体健康吗？ (…不…)

太阳不晒身体不健康。

xīng qī sān

星期三

Wednesday

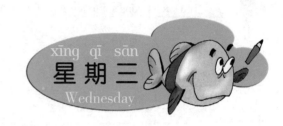

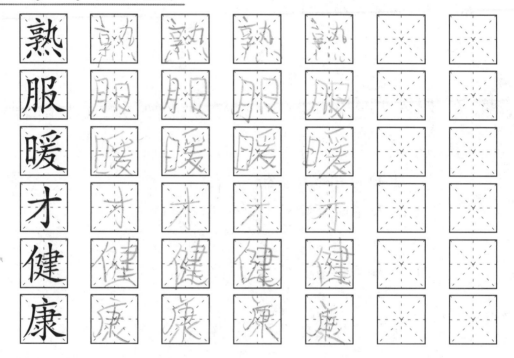

xiě yi xiě

1. 写一写（Learn to write.）

熟	熟	熟	熟	熟		
服	服	服	服	服		
暖	暖	暖	暖	暖		
才	才	才	才	才		
健	健	健	健	健		
康	康	康	康	康		

dú yi dú

2. 读一读（Read aloud.）

熟了　熟人　西瓜熟了　饭熟了　菜熟了

衣服　服装(zhuāng)　服气　服了　不服

温暖　暖和　暖气　暖洋洋

衣服也要太阳晒，被子也要太阳晒，晒过太阳暖洋洋。

身体也要太阳晒，常晒太阳才健康。

zhào lì zi xiě yi xiě

3. 照例子写一写 (Write characters below in the stroke order after the model.)

lì

例：一→二→千→王

ノ→ク→夂→処→处

㇕→彐→ヨ→⺕→寻→寻

丿→⺆→月→月→⺼→⺼→⺼→服

ノ→亻→亻→亻→亻→亻→亻→亻→亻→健

、→亠→广→户→户→户→庐→庐→康→

康→康

zhào lì zi xiě hàn zì zài zǔ cí yǔ

4. 照例子写汉字，再组词语 (Combine these parts to make characters and form phrases after the model.)

lì

例：覀＋示→票→买票

日＋西→晒→晒太阳

昭＋灬→照→照光

彐＋寸→寻→寻找

孰＋灬→熟→熟了

月＋艮→服→服气

日＋爰→暖→暖气

亻＋建→健→健康

zhào lì zi zhǎo chū bù tóng lèi de cí xiě zài lǐ

5. 照例子找出不同类的词，写在（ ）里 (Fill in each blank with the word which does not belong to its group after the model.)

lì yí

例：长城　故宫　爷爷　颐和园　（爷爷）

绿草　衣服　红花　大树　（衣服）

被子　太阳　月亮　白云　（被子）

狮子　白羊　小鸟　水果　（水果）

fán ěr
凡尔赛宫　可爱　迷人　美丽　（凡尔赛宫）

lián cí chéng jù
6. 连词成句（Put the given words in the correct order to make sentences.）

lì
例：不晒　草　太阳　不绿

太阳不晒草不绿。

(1) 苗　不晒　不长　太阳

太阳不晒苗不长。

(2) 不熟　果　太阳　不晒

太阳不晒果不熟。

(3) 太阳　不香　花　不晒

太阳不晒花不香。

(4) 身体　太阳　不晒　不健康

太阳不晒身体不健康。

zhào lì zi xiě jù zi
7. 照例子写句子（Reconstruct the sentences with "…也…" after the model.）

lì
例：身体要太阳晒。（小草也…）

小草也要太阳晒。

(1) 姐姐很高。（我也…）

我也很高。

(2) 妈妈喜欢笑。（爸爸也…）

爸爸也喜欢笑。

(3) 这朵花很香。（那朵花也…）

那朵花也很香。

(4) 小羊很可爱。（小猫也…）

小猫也很可爱。

(5) 太阳是圆的。（月亮也…）

月亮也是圆的。

xīng qī sì
星期四
Thursday

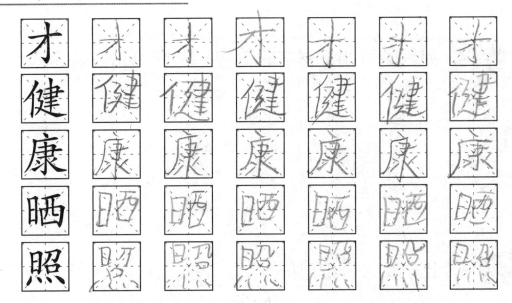

xiě yi xiě
1. 写一写 (Learn to write.)

才	才	才	才	才	才	才
健	健	健	健	健	健	健
康	康	康	康	康	康	康
晒	晒	晒	晒	晒	晒	晒
照	照	照	照	照	照	照

dú yi dú

2. 读一读（Read aloud.）

太阳晒了草才绿，太阳晒了苗才长，太阳晒了果才熟，太阳晒了花才香，太阳晒了身体才健康。

zhào lì zi xiě yi xiě

3. 照例子写一写（Divide each character below into two parts after the model.）

lì

例：熟 < 孰 / 灬

晒 < 日 / 西

服 < 月 / 艮

暖 < 日 / 爰

寻 < 彐 / 寸

康 < 广 / 隶

zhào lì zi xiě chū xià liè zì de piān páng bù shǒu

4. 照例子写出下列字的偏旁部首（Fill in the blanks with the radicals of the given characters below after the model.）

lì

例：样：木

晒：日　照：灬　处：夂　建：廴

服：月　康：广　寻：寸　迷：辶

bǐ yi bǐ zài zǔ cí yǔ

5. 比一比，再组词语（Compare and form phrases.）

{太 太阳　{阳 太阳　{晒 晒太阳　{处 处好
{大 大羊　{日 天白　{西 望西　{外 外面

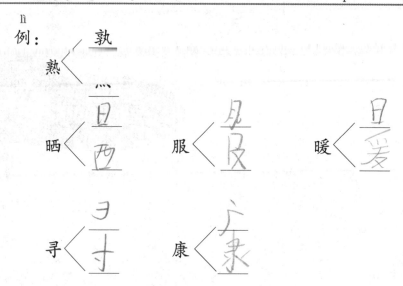

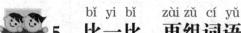

常 常常　　草 绿草　　熟 熟了　　寻 常寻
尝 尝一尝　早 早上　　照 照明　　雪 下雪

zhào lì zi wán chéng jù zi

6. 照例子完成句子 (Complete the sentences after the model.)

lì

例：太阳晒了，身体才健康。

太阳晒了，草 才绿。

太阳晒了，苗 才长。

太阳晒了，花 才香。

lì

例：吃了饭，我才去学校。

上完学校，我才去北京旅游。

______，我才去游泳。

______，我才去公园玩儿。

dú kè wén huí dá wèn tí

7. 读课文，回答问题 (Answer the following questions according to the text.)

(1) 太阳出来照哪里？

答：四方。

(2) 太阳不晒草会怎么样？

答：草不绿。

(3) 太阳不晒苗会怎么样？

答：苗不长。

(4) 太阳不晒果会怎么样？

答：果不熟。

(5) 太阳不晒花会怎么样？

答：花不香。

xīng qī wǔ
星期五
Friday

bǎ xià mian de zì xiě wán zhěng
1. 把下面的字写完整(Complete the following characters.)

照	寻	熟	服	暖	康

zhào lì zi xiě chū dài yǒu xià liè piān páng bù shǒu de zì
2. 照例子写出带有下列偏旁部首的字(Write characters with the given radicals below after the model.)

lì
例：犭：狮 狗
月：朋
日：明 暖
灬：熟 热
氵：江 洋
亻：仁 位
广：康 庄

dú kè wén xuǎn zì tián kòng

3. 读课文，选字填空 (Choose the right characters to fill in the blanks.)

不 过 也 才

(1) 身体 也 要太阳晒。

(2) 太阳 不 晒草不绿。

(3) 晒 过 太阳暖洋洋。

(4) 常晒太阳 才 健康。

的 地 得

(5) 太阳 的 好处不寻常。

(6) 小兔跑 得 很快，乌龟在慢慢 得 爬。

fán ěr

(7) 凡尔赛城里有一座又大又美丽 的 园林。

(8) 同学们高兴 地 唱歌。

(9) 今天小朋友们玩儿 地 真开心。

zǔ cí yǔ

4. 组词语 (Form phrases.)

熟 { 熟了 / 太熟 }　服 { 衣服 / 西服 }　晒 { 晒太阳 / ______ }

暖 { 暖洋洋 / 暖和 }　处 { 好处 / 处处 }　照 { 照明 / 照亮 }

lián cí chéng jù

5. 连词成句 (Put the given words in the correct order to make sentences.)

(1) 不晒　草　不绿　太阳

太阳不晒草不绿

(2) 太阳　才　常晒　健康

常晒太阳才健康。

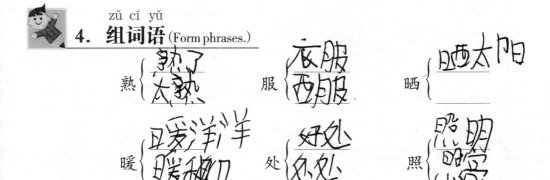

(3) 花　晒了　太阳　香　才

太阳晒了花才香。

(4) 也要　晒　衣服　太阳

太阳也要晒衣服。

(5) 好处　太阳　不寻常　的

太阳的好处不寻常。

(6) 照　出来　四方　太阳

太阳出来照四方。

zào jù

6. 造句（Make sentences with the given words or expressions.）

(1) 出来 太阳出来照四方。

(2) 好处 太阳的好处不寻常。

(3) 衣服 太阳也要晒衣服。

(4) 熟 太阳不晒果才不熟。

(5) 暖洋洋 太阳晒暖洋洋。

(6) 健康 太阳晒人才健康。

gǎi bìng jù

7. 改病句（Correct the following sentences.）

(1) 四方出来照太阳。

太阳出来照四方。

(2) 太阳的好处寻常不。

太阳

(3) 草晒不太阳不绿。

(4) 太阳晒了苗长不。

(5) 太阳不晒花才香。

____

(6) 太阳也要身体晒。

____

bǎ kè wén bèi gěi bà ba mā ma tīng ràng tā men píng ping fēn

8. 把课文背给爸爸妈妈听，让他们评评分

(Recite the text to your parents and ask them to grade your performance.)

评 分	家长签名

hóu zi lāo yuè liang

6. 猴子捞月亮

Lesson 6 Monkeys Try to Scoop up the Moon

xīng qī yī

星期一

Monday

xiě yi xiě

1. 写一写 (Learn to write.)

捞						
晚						
群						
啦						
于						
直						

dú yi dú

2. 读一读 (Read aloud.)

我们把月亮捞上来吧！　　你把笔拿出来吧！

我们把门关上吧！　　你把帽子挂起来吧！

我们把信放进去吧！

zhào lì zi gǎi cuò zì

3. 照例子改错字 (Find out and correct the wrong characters after the model.)

lì

例：他们长得一洋高。→他们长得一样高。

hóu

封在最下面的小猴子→____________

有一天晚上→____________

hóu

一君猴子→____________

一真接到水里→____________

抻手去劳月亮→____________

台头一看→____________

shǔ bǐ huà　tián kòng

4. 数笔画，填空 (Count the strokes and fill in the blanks.)

(1) “捞”一共有___画，左边是___，右边是___。

(2) “晚”一共有___画，左边是___，右边是___。

(3) “群”一共有___画，左边是___，右边是___。

(4) “啦”一共有___画，左边是___，右边是___。

(5) “接”一共有___画，左边是___，右边是___。

(6) “挂”一共有___画，左边是___，右边是___。

zhào lì zi lián yi lián zǔ cí yǔ

5. 照例子连一连，组词语 (Link and form phrases after the model.)

捞	然________
晚	好________
原	手________
于	上来 捞上来
伸	来________
突	上________
最	是________

dú kè wén tián kòng

6. 读课文，填 空 (Fill in the blanks according to the text.)

有一天______，______猴子______井边的树上玩儿。______，一只小猴子______：“不好啦，月亮掉______水里了！”大猴子一看，______叫了起来：“不好啦，月亮______掉到水里了！”一群猴子看了后都跟______说：“是啊，月亮______掉到______了？”

大猴子说：“我们把月亮______吧！”______，猴子们______树上，一只拉着一只，________水里。____________小猴子______去捞月亮。他的手______碰到水，月亮______不见了。

这时，大猴子______一看，______叫了______：“月亮______还在天上______?”

lián cí chéng jù

7. 连词成句 (Put the given words in the correct order to make sentences.)

(1) 把 我们 月亮 捞 上来 吧

____

(2) 衣服 起来 你 把 挂 吧

____

(3) 进来 被子 把 我们 吧 拿

____

(4) 拿 把 笔 出来 吧 你

____

(5) 吧 放 把 信 我们 进去

____

(6) 门 吧 我们 上 关 把

____

zhào lì zi tián kòng

8. 照例子填空 (Fill in the form after the model.)

月亮	不是	还在天上	吗?
方方			
		在写汉字	

xīng qī èr
星期二
Tuesday

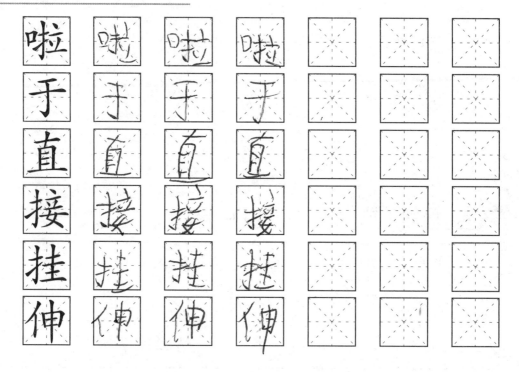

xiě yi xiě
1. 写一写 (Learn to write.)

啦	啦	啦	啦			
于	于	于	于			
直	直	直	直			
接	接	接	接			
挂	挂	挂	挂			
伸	伸	伸	伸			

dú yi dú
2. 读一读 (Read aloud.)

小马不知道该怎么办，于是回家问妈妈。

要下雨了，于是我们把被子拿了进来。

hóu
猴子们想把月亮捞上来，于是它们爬到了树上。

弟弟也想玩玩具，于是我给了弟弟一个玩具。

zhào lì zi xiě hàn zì

3. 照例子写汉字 (Write characters after the model.)

lì
例：拉：抬　接

河：潋　泳

昨：晚　映

园：国　图

样：朴　朴

连：远　过

zhào lì zi lián yi lián xiě hàn zì

4. 照例子连一连，写汉字 (Link and write after the model.)

亻　　　革　捞
日　　　劳　劳
君　　　刂　刖
口　　　並　並
扌　　　甲　晚
冈　　　免　晚
石　　　且　直
十　　　拉　拉

bǐ yi bǐ　zài zǔ cí yǔ

5. 比一比，再组词语 (Compare and form phrases.)

{ 捞 捞来 　{ 晚 晚上 　{ 接 接走 　{ 于 提是
{ 劳 劳动 　{ 眠 睡眠 　{ 提 提是 　{ 干 干好

{ 挂 挂牙 　{ 伸 伸手 　{ 直 一直
{ 封 信封 　{ 邮 邮陈 　{ 真 真在

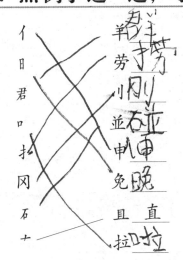

dú kè wén pàn duàn jù zi duì de dǎ cuò de dǎ

6. 读课文，判断句子，对的打“√”，错的打“×”

(Judge the correctness of the sentences below with “√” on each right sentence and “×” on each wrong sentence according to the text.)

hóu jǐng

(1) 一天早上，一群猴子在井边的树上玩儿。 (　　)

hóu

(2) 猴子们都说月亮掉到水里了。 (　　)

hóu

(3) 只有一只猴子想把月亮捞上来。 (　　)

(4) 月亮真的掉到水里了。 (　　)

hóu

(5) 小猴子的手刚碰到水面，月亮就不见了。 (　　)

hóu

(6) 猴子们把月亮捞上来了。 (　　)

zhào lì zi xiě jù zi

7. 照例子写句子 (Reconstruct the sentences with “于是” after the model.)

lì

例：云云不明白，回学校问老师。（于是）

云云不明白，于是回学校问老师。

hóu jǐng

(1) 猴子们看见井边有一棵大树，爬到树上。（于是）

____

(2) 小马听了妈妈的话，就自己过河了。（于是）

____

fán ěr fán ěr

(3) 听说凡尔赛宫很美，我们一家人就去了凡尔赛宫。（于是）

____

(4) 太阳出来了，我们把被子拿出去晒了晒。（于是）

____

xīng qī sān

星期三

Wednesday

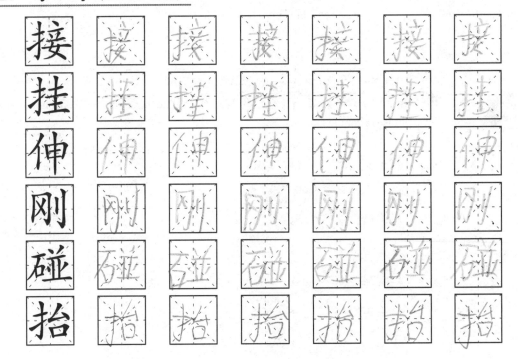

xiě yi xiě

1. 写一写 (Learn to write.)

接	接	接	接	接	接	接
挂	挂	挂	挂	挂	挂	挂
伸	伸	伸	伸	伸	伸	伸
刚	刚	刚	刚	刚	刚	刚
碰	碰	碰	碰	碰	碰	碰
抬	抬	抬	抬	抬	抬	抬

dú yi dú

2. 读一读 (Read aloud.)

妈妈刚做完饭，我就回来了。

老师刚说完，亮亮就举起手来。

秋天刚到，小草就黄了。

太阳刚出来，我们就起床了。

zhào lì zi xiě yi xiě

3. 照例子写一写 (Write characters below in the stroke order after the model.)

lì

例：㇐ → 丅 → 下 → 正 → 正

㇐ → 十 → 扌 → 扌 → 扌 → 扌 → 扌 → 捞 → 捞 → 捞

丶 → 𠃌 → 口 → 口 → 吋 → 吋 → 吋 → 吋 → 吋 →

啦 → 啦

一 → 二 → 于

一 → 十 → 广 → 冇 → 冇 → 直 → 直 → 直

丿 → 亻 → 亻 → 仆 → 伸 → 伸 → 伸

丨 → 冂 → 冂 → 冈 → 刚 → 刚

zhào lì zi xiě hàn zì zài zǔ cí yǔ

4. 照例子写汉字，再组词语 (Combine these parts to make characters and form phrases after the model.)

lì

例：口 + 曷 → 喝 → 喝水

日 + 免 → 晚 → 晚上

君 + 羊 → 群 → 一群

扌 + 妾 → 接 → 接到

扌 + 圭 → 挂 → 挂

亻 + 申 → 伸 → 伸手

冈 + 刂 → 刚 → 刚[illegible]

zhào lì zi zhǎo chū bù tóng lèi de cí xiě zài lǐ

5. 照例子找出不同类的词，写在（ ）里 (Fill in each blank with the word which does not belong to its group after the model.)

lì fán ěr fán ěr

例：凡尔赛宫 可爱 迷人 美丽 （凡尔赛宫）

hóu

猴子 山羊 老牛 老师 （老师）

早上　妈妈　晚上　下午　（妈妈）

春天　夏天　太阳　秋天　（太阳）

眼睛　游泳　唱歌　画画　（眼睛）

zhào lì zi xiě jù zi

6. 照例子写句子 (Make sentences with "…刚…，…就…" after the model.)

lì

例：他的手刚碰到水，月亮就不见了。

(1) 我 刚 画玩的是后，他 就 画玩。

(2) 他的脚 刚 刚跑到那，他 就 跑玩了。

(3) 他的眼睛 刚 看到的外后，我 就 看到了。

zhào lì zi xiě jù zi

7. 照例子写句子 (Reconstruct the sentences with "不是…吗?" after the model.)

lì

例：月亮还在天上。(不是…吗？)

月亮不是还在天上吗?

(1) 云云的奶奶在北京。(不是…吗？)

云云不是奶奶在北京吗?

(2) 爸爸会游泳。(不是…吗？)

爸不是游泳吗?

(3) 冬冬去中国旅游了。(不是…吗？)

冬冬不是去方旅游了吗?

(4) 哥哥发烧了。 (不是…吗?)

哥哥不是发烧了吗?

(5) 学生已经放假了。 (不是…吗?)

学生不是放假了吗?

lǎng dú kè wén

8. 朗读课文 (Read the text aloud.)

xīng qī sì

星期四

Thursday

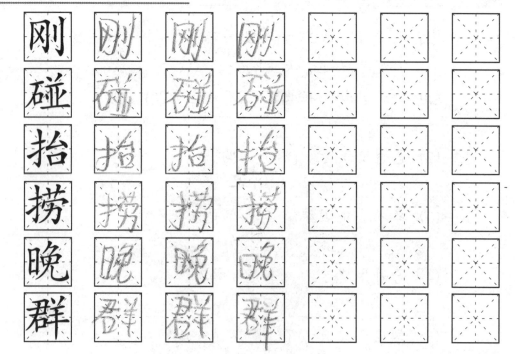

xiě yi xiě

1. 写一写 (Learn to write.)

刚						
碰						
抬						
捞						
晚						
群						

dú yi dú

2. 读一读 (Read aloud.)

云云不是病了吗？　　亮亮不是饿了吗？

爸爸不是在家吗？　　老师不是在学校吗？

冬冬不是会写汉字吗？　方方不是会游泳吗？

云云不是去花园玩儿了吗？

你们全家不是去中国旅游了吗？

zhào lì zi xiě chū xià liè zì de piān páng bù shǒu

3. 照例子写出下列字的偏旁部首 (Fill in the blanks with the radicals of the given characters below after the model.)

lì

例：深：氵

接：扌　　群：君　　刚：刂　　定：宀

晚：日　　伸：亻　　碰：石　　该：讠

zhào lì zi xiě hàn zì zài zǔ cí yǔ

4. 照例子写汉字，再组词语 (Combine these parts to make characters and form phrases after the model.)

lì

例：口＋八→只→只好

扌＋劳→捞→捞上

石＋並→碰→碰人

扌＋台→抬→抬高

宀＋疋→定→一定

十＋且→直→一直

穴＋犬→突→突然

5. 读一读，再组词语 (Read and form phrases.)

捞 捞
劳

晚 晚上
玩 好玩

直 一直
只 一只

刚 刚刚
光 高尤

碰 碰到
朋 朋友

抬 抬高
太 太阳

6. 连词成句 (Put the given words in the correct order to make sentences.)

(1) 还在　月亮　天上　吗　不是

月亮不是还在天上吗

(2) 不是　你　吗　饿了

你不是饿了吗

(3) 哥哥　在中国　不是　亮亮的　吗

亮亮的哥哥是在中国吗

(4) 中文课　不是　有　我们　吗

我们中文课不是有吗

(5) 不是　会画画儿　吗　妹妹　他的

他的妹妹不是会画画儿吗

(6) 开了　花　那些　吗　不是

那些花不是开了吗

7. 读课文，回答问题 (Answer the following questions according to the text.)

(1) 有一天晚上，一群猴子在哪里玩儿？
hóu

答：井边的树上

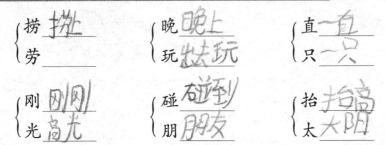

hóu

(2) 猴子怎么捞月亮？

答：爬到树上

hóu

(3) 小猴子的手刚碰到水，月亮就怎么样了？

答：月亮不见了

hóu

(4) 大猴子抬头一看，突然叫了起来，他叫什么？

答：月亮不是还在天上吗

xīng qī wǔ

星期五

Friday

bǎ xià mian de zì xiě wán zhěng

1. 把下面的字写完整 (Complete the following characters.)

扌艹　日⺈　君　吋　市　扌立　伯

冈　石丷　厶

xiě chū dài yǒu xià liè piān páng bù shǒu de zì

2. 写出带有下列偏旁部首的字 (Write characters with the given radicals below.)

刂：____　____

日：____　____　____

扌：____　____　____　____　____

辶：____ ____ ____

艹：____ ____

忄：____ ____

dú kè wén xuǎn zì tián kòng

3. 读课文，选字填空 (Choose the right characters to fill in the blanks.)

捞 接 碰 伸 挂 爬 拉

于是，猴(hóu)子们____到树上，一只____着一只，一直____到水里。____在最下面的小猴(hóu)子____手去____月亮。他的手刚____到水，月亮就不见了。

到 在 从

(1) 昨天晚上我____家看电视。

(2) 长江____西流____东，是中国最长的江。

(3) 月亮掉____水里了！

(4) 北京____中国的北方，它是中国的首都(dū)。

(5) 一个小朋友不小心____树上掉下来。

(6) 猴(hóu)子们爬____树上去捞月亮。

zǔ cí yǔ

4. 组词语 (Form phrases.)

晚 { ____ ____

群 { ____ ____

直 { ____ ____

接 { ____ ____

挂 { ____ ____

刚 { ____ ____

lián cí chéng jù

5. 连词成句 (Put the given words in the correct order to make sentences.)

(1) 掉　月亮　真的　到　了　水里

____

(2) 还　天上　真的　月亮　在

____

(3) 不是　月亮　天上　还在　吗

____

(4) 弟弟　动物园　不是　去过　吗　了

____

(5) 校车　还　没来　怎么

____

(6) 水里　掉　怎么　月亮　到　了

____

zào jù

6. 造句 (Make sentences with the given words or expressions.)

(1) 晚上 ______________________________________

(2) 伸 ______________________________________

(3) 于是 ______________________________________

(4) 刚 ______________________________________

(5) 一直 ______________________________________

(6) 不是…吗? ______________________________________

gǎi bìng jù

7. 改病句 (Correct the following sentences.)

hóu jǐng

(1) 一群猴子玩儿在井边的树上。

____

hóu

(2) 一只小猴子喊上来：“月亮掉在水里了！”

____

hóu

(3) 大猴子说：“我们捞月亮上来吧！”

____

hóu

(4) 于是，猴子们爬到树上，一只接一只，接一直到水里。

____

hóu

(5) 大猴子突然叫了起来：“月亮就是还在天上吗？”

____

bǎ kè wén jiǎng gěi bà ba mā ma tīng ràng tā men píng ping fēn

8. 把课文 讲给爸爸妈妈听，让他们评评分

(Tell the text to your parents and ask them to grade your performance.)

评 分	家长签名

Sī mǎ guāng

8. 司马光

Lesson 8 Sima Guang

xīng qī yī

星期一

Monday

xiě yi xiě

1. 写一写 (Learn to write.)

聪

戏

缸

装

吓

哭

法

dú yi dú

2. 读一读 (Read aloud.)

聪明　　游戏　水缸　装水　装满　装满水

别的人　别的小朋友　别的同学

有的人　有的小朋友　有的同学

爸爸向家里走去。

老师向教室走去。

大家向公园走去。

zhào lì zi gǎi cuò bié zì

3. 照例子改错别字 (Find out and correct the wrong characters after the model.)

lì

例：常晒太阳才建康。（健）

(1) 古伐有一个聪明的该子。（　）（　）

(2) 方方和小朋友门在花元里玩儿。（因）（们）

(3) 姐姐和哥哥在作游戏。（戏）（做）

(4) 别的小朋友下哭了，都不知道孩怎么办。（还）（　）

shǔ bǐ huà　tián kòng

4. 数笔画，填空 (Count the strokes and fill in the blanks.)

(1) "聪"一共有<u>15</u>画，左边是<u>耳</u>，右边是<u>总</u>。

(2) "戏"一共有<u>6</u>画，左边是<u>又</u>，右边是<u>戈</u>。

(3) "缸"一共有<u>9</u>画，左边是<u>缶</u>，右边是<u>工</u>。

(4) "装"一共有<u>13</u>画，上边是<u>壮</u>，下边是<u>衣</u>。

(5) "吓"一共有<u>6</u>画，左边是<u>口</u>，右边是<u>下</u>。

zhào lì zi lián yi lián zǔ cí yǔ

5. 照例子连一连，组词语 (Link and form phrases after the model.)

办 石 突 游 聪 只 惊

慌 有 法 头 然 戏 明

惊慌 只有 办法 石头 突然 游戏 聪明

dú kè wén tián kòng

6. 读课文，填空 (Fill in the blanks according to the text.)

有个小朋友不小心____掉___水缸里了。水缸____，里面___了水。别的小朋友都___哭了，不___怎么办。只有司(Sī)马光不___。他很快想出了一个______，找来一___大石头，使劲向水缸砸去。水缸___了，水____，那个小朋友___了。

大家都说："司(Sī)马光真___。"

zhào lì zi xiě jù zi

7. 照例子写句子 (Make sentences with "向" for each picture after the model.)

lì

例：

我向学校走去。

(1) 他<u>向动物园</u>走去。

(2) 爸爸<u>向书店</u>走去。

(3) 姐姐<u>向花园</u>走去。

(4) 同学们<u>向</u>______走去。

xiě yi xiě
1. 写一写 (Learn to write.)

吓	吓	吓	吓	吓	吓	吓
哭	哭	哭	哭	哭	哭	哭
惊	惊	惊	惊	惊	惊	惊
慌	慌	慌	慌	慌	慌	慌
法	法	法	法	法	法	法
块	块	块	块	块	块	块

dú yi dú
2. 读一读 (Read aloud.)

吓哭了　哭起来　惊慌

救人　救火　使劲　一块石头　一块面包

花园　公园　动物园

小朋友们在花园里玩儿，有的做游戏，有的爬树。

草地上有很多花，有的是红的，有的是白的。

他们在教室里玩儿，有的唱歌，有的讲故事。

他们在动物园里看动物，有的看老虎，有的看猴子。

小朋友有的喜欢吃面包，有的喜欢喝牛奶。

zhào lì zi gěi xià liè zì jiā shang bù shǒu zǔ chéng xīn zì

3. 照例子给下列字加上部首，组成新字 (Add radicals to form new characters after the model.)

lì

例：早：草

京：惊　　吏：使　　求：救

去：法　　下：吓　　犬：＿＿

zhào lì zi xiě yi xiě

4. 照例子写一写 (Combine these parts to make new characters after the model.)

lì

例：石 + 匝 → 砸

求 + 文 → 救

亻 + 吏 → 使

𢀖 + 力 → 劲

耳 + 总 → 聪

土 + 夬 → 块

忄 + 荒 → 慌

又 + 见 → 观

bǐ yi bǐ zài zǔ cí yǔ
5. 比一比，再组词语 (Compare and form phrases.)

下 下去 / 吓 吓走	哭 吓哭 / 突 突然	去 上去 / 法 办法
快 快跑 / 块 ____	救 ____ / 球 打球	元 去公元 / 园 花园

dú kè wén pàn duàn jù zi duì de dǎ cuò de dǎ
6. 读课文，判断句子，对的打“√”，错的打“×”

(Judge the correctness of the sentences below with “√” on each right sentence and “×” on each wrong sentence according to the text.)

(1) 司(Sī)马光是中国人。 (√)

(2) 司(Sī)马光是个聪明的孩子。 (√)

(3) 司(Sī)马光和小朋友们在花园里做游戏。 (~~×~~) √

(4) 司(Sī)马光掉到水缸里了。 (×)

(5) 水缸不大，有点儿深。 (×)

(6) 别的小朋友吓哭了，司(Sī)马光也不知道怎么办。 (×)

zhào lì zi bǎ xià liè jù zi xiě wán zhěng
7. 照例子把下列句子写完 整 (Complete the sentence for each picture after the model.)

lì
例：

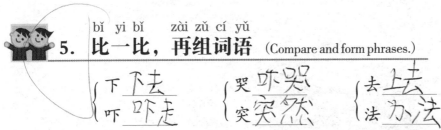

小朋友们在花园里玩儿，有的做游戏，有的爬树。

(1)

同学们在教室里玩儿，有的画画______，有的唱哥______。

(2)

小朋友们都喜欢吃东西，有的喜欢______，有的喜欢______。

(3)

花园里有很多花，有的是______的，有的是______的。

(4)

同学们在书店买书，有的买______，有的买______。

xīng qī sān
星期三
Wednesday

xiě yi xiě
1. 写一写 (Learn to write.)

惊

慌

块

使

劲

聪

dú yi dú
2. 读一读 (Read aloud.)

做游戏　真聪明　聪明的孩子　聪明的小朋友　聪明的学生

吓哭了　　吓慌了

方方吓哭了。

云云吓慌了。

我在公园里玩玩具。

爸爸在书店买画报。

哥哥在中文学校学汉语。

姐姐在教室里写汉字。

zhào lì zi xiě yi xiě

3. 照例子写一写 (Write characters below in the stroke order after the model.)

lì

例：___ → ___ → ___ → ___ → ___ → ___ → 块

___ → ___ → ___ → ___ → ___ → ___ → ___ → ___ → ___ → ___ → ___ → 慌

___ → ___ → ___ → ___ → ___ → ___ → ___ → 使

___ → ___ → ___ → ___ → ___ → ___ → 劲

___ → ___ → ___ → ___ → ___ → ___ → ___ → ___ → ___ → ___ → ___ → 惊

___ → ___ → ___ → ___ → ___ → ___ → ___ → ___ → ___ → 哭

zhào lì zi xiě hàn zì zài zǔ cí yǔ

4. 照例子写汉字，再组词语 (Combine these parts to make characters and form phrases after the model.)

lì

例：氵＋干→ 汗 → 汗水

口＋下→ ___ → ______

口＋口＋犬→ ___ → ______

土＋夬→ ___ → ______

氵＋去→ ___ → ______

求＋攵→ ___ → ______

zhào lì zi zhǎo chū bù tóng lèi de cí bǎ tā xiě zài li

5. 照例子找出不同类的词，把它写在（ ）里 (Fill in each blank with the word which does not belong to its group after the model.)

lì

例：教室 街道 动物园 方向 (方向)

hóu

(1) 兔子 猴子 小狗 水缸 (水缸)

(2) 妈妈 妹妹 姐姐 聪明 (聪明)

(3) 鼻子 眼睛 耳朵 哭 (哭)

(4) 高兴 有趣 惊慌 汉语 (高兴)

zhào lì zi lián cí chéng jù

6. 照例子连词成句 (Put the given words in the correct order to make sentences after the model.)

lì

例：妈妈 书 买 书店 在

妈妈在书店买书。

(1) 看 我 书 教室 里 在

____

(2) 公园 小朋友 玩儿 在 里

____

(3) 家 姐姐 在 写 汉字

____

(4) 在 方方 饭店 吃饭

____

(5) 云云 玩 在 玩具 我家

____

(6) 唱歌 在 树上 小鸟

____

zhào lì zi xiě jù zi

7. 照例子写句子（Reconstruct the sentences with the given words or expressions after the model.）

lì

例：小朋友掉了。(水缸里)

小朋友掉到水缸里去了。

(1) 小鸟飞了。(树上)

小鸟飞树上了。

(2) 小马跑了。(草地里)

小马草地里跑了。

(3) 小朋友们跑了。(花园里)

小朋友们花园里跑了。

(4) 老师走了。(教室里)

老师教室里走了。

(5) 汽车开了。(院子里)

汽车院子里开了。

xīng qī sì
星期四
Thursday

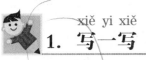

1. 写一写 (Learn to write.)
xiě yi xiě

惊 使 劲 砸 救 聪

2. 读一读 (Read aloud.)
dú yi dú

使劲　惊慌　慌张　流汗　出汗　汗水

找人　找出来　找一找　得救

今天的月亮又大又亮。

西瓜又大又甜。

长江又长又宽。

妈妈做的饭又好看又好吃。

我家的花园又大又好看。

zhào lì zi xiě yi xiě
3. 照例子写一写 (Write after the model.)

lì
例：吗→ 口 → 吓

戏→ 又 → 双　　安→ 宀 → 字

聪→ 耳 → ＿＿　　提→ 扌 → ＿＿

救→ 攵 → 做　　进→ 辶 → 还

劲→ 孓 → ＿＿　　样→ 样 → ＿＿

zhào lì zi xiě hàn zì zài zǔ cí yǔ
4. 照例子写汉字，再组词语 (Combine these parts to make characters and form phrases after the model.)

lì
例：日＋月→ 明 → 明白

亻＋吏→ 使 → 使劲　　又＋戈→ 戏 → ＿＿

忄＋荒→ 慌 → ＿＿　　缶＋工→ 缸 → 水缸

耳＋总→ 聪 → 聪明　　壮＋衣→ 装 → ＿＿

bǐ yi bǐ zài zǔ cí yǔ
5. 比一比，再组词语 (Compare and form phrases.)

戏＿＿　找（zhǎo）找到

经＿＿　劲 使劲

教 教室　救＿＿

睛＿＿　晴＿＿

双 一双　欢 喜欢

哥 哥哥　歌 唱歌

zhào lì zi lián cí chéng jù

6. 照例子连词成句 (Put the given words in the correct order to make sentences after the model.)

lì
例：又　水缸　又　深　大

水缸又大又深。

(1) 聪明　方方　又　好看　又

方方又聪明又好看。

(2) 大　高　又　又　爸爸

爸爸又高又大。

(3) 月亮　又　又　亮　大

月亮又亮又大。

(4) 甜　红　又　苹果　又（苹 píng）

苹果又红又甜

(5) 又　又　花　香　好看

花又香又好看

(6) 长　又　又　宽　马路

马路又长又宽。

dú kè wén huí dá wèn tí

7. 读课文，回答问题 (Answer the following questions according to the text.)

(1) 小朋友们在花园里做什么？

答：元又戏。

(2) 小朋友们为什么吓哭了？

答：一个孩子。

(3) 司马光想了一个什么办法救他的朋友？（司 Sī）

答：他又一个大石头。

(4) 你觉得谁聪明？

答：司马光。

xīng qī wǔ

星期五

Friday

bǎ xià mian de zì xiě wán zhěng

1. 把下面的字写完整 (Complete the following characters.)

耳㕣　缶　壮　吅　忄亠口　忄艹

仨　圣

xiě chū dài yǒu xià liè piān páng bù shǒu de zì

2. 写出带有下列偏旁部首的字 (Write characters with the given radicals below.)

耳：聪　取

又：双　戏　观

石：硒　碰

忄：快　[illegible]　愉

目：睛　[illegible]

力：劲　[illegible]

土：地　块　城

攵：做　救

3. 选词语填空 (Choose the right words to fill in the blanks.)

钱　浅　棵　课　办法　结果

(1) 妈妈说："今天我来付＿＿。"

(2) 这＿＿树已经有两百年了。

(3) 我不知道该怎么办，这时，哥哥想出了一个＿＿。

(4) 河水很＿＿，我可以游过去。

(5) 请把我的＿＿本拿过来。

(6) 云云学习很努力，＿＿她考得很好。

聪明　惊慌　使劲　生动

(7) 别的小朋友吓哭了，只有司马光不＿＿。

(8) 石柱上有很多小石狮子，它们都很＿＿，十分可爱。

(9) 司马光找来一块大石头，＿＿向水缸砸去。孩子得救了，大家都说司马光是个＿＿的孩子。

4. 组词语 (Form phrases.)

救{救人／救走　　法{办法／法国　　汗{出汗／汗水　　餐{早餐／午餐

装{装水／　　吓{吓到／吓哭　　慌{慌张／惊慌　　找{找到／找会

5. 照例子连词成句 (Put the given words in the correct order to make sentences after the model.)

例：在　月亮　天上　还　吗

月亮还在天上吗？

(1) 汉字 书 有的同学 有的同学 写 读

有的同学写汉字有的同学读书。

(2) 又 又 这 条 深 宽 河

这条河又深又宽。

(3) 教室 老师 走去 向

老去向走去教室。

(4) 在 花园 小朋友们 里 玩儿

小朋友们在花园里玩儿。

(5) 小朋友 掉 有个 水缸里 到 了

小朋友

zhào lì zi dú jù zi yòng huà xiàn de cí yǔ zào jù

6. 照例子读句子，用画线的词语造句 (Make sentences with the underlined words or expressions after the model.)

lì

例：小明使劲地叫。

我使劲地跑。

Sī

(1) 司马光是一个聪明的孩子。

(2) 别的同学都会说汉语，只有我不会说汉语。

(3) 水缸又大又深。

(4) 小朋友们在花园里玩儿，有的做游戏，有的爬树。

(5) 月亮不是还在天上吗？

(6) 月亮怎么掉到水里了？

gǎi bìng jù

7. 改病句 (Correct the following sentences.)

(1) 云云是聪明的一个孩子。

____

Sī

(2) 司马光只有不惊慌。

____

(3) 他快想出了一个办法。

____

(4) 这个小朋友救了。

____

(5) 我的学习有了是不是很大提高?

____

bǎ kè wén dú gěi bà ba mā ma tīng ràng tā men píng ping fēn

8. 把课文读给爸爸妈妈听，让他们评评分

(Read the text aloud to your parents and ask them to grade your performance.)

评 分	家长签名

wèn dá

10. 问答

Lesson 10 Ask and Answer

xīng qī yī

星期一

Monday

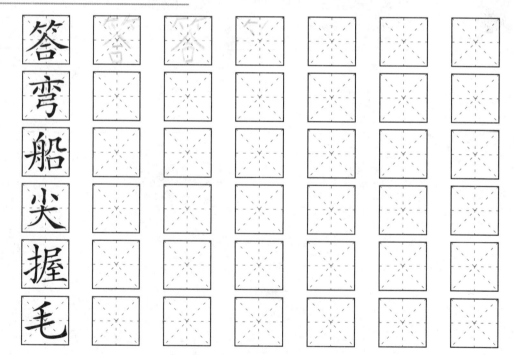

xiě yi xiě

1. 写一写 (Learn to write.)

答

弯

船

尖

握

毛

dú yi dú

2. 读一读 (Read aloud.)

问答　回答　你问我答　我问他答

弯弯的月亮　弯弯的小船

小船　大船　一只小船

笔尖　尖尖的毛笔

握手　握住　握着一支笔

他问我，我回答。

什么弯弯停水边？

什么尖尖手中握？

河边停着一只弯弯的小船。

他握着一支尖尖的毛笔。

zhào lì zi gǎi cuò bié zì

3. 照例子改错别字 (Find out and correct the wrong characters after the model.)

lì Sī

例：司马光一点儿也不京慌。（惊）

(1) 月亮弯弯挂天边。　（　）（　）

(2) 他来问我来荅。　（　）

(3) 葡萄圆圆一吕吕。　（　）（　）

(4) 江边停着一只小船。　（　）

(5) 平果圆圆树上挂。　（　）

(6) 火前尖尖冲上天。　（　）

shǔ bǐ huà tián kòng

4. 数笔画，填空 (Count the strokes and fill in the blanks.)

(1) “数”字一共有___画，左边是___，右边是___。

(2) “船”字一共有___画，左边是___，右边是___。

(3) “尖”字一共有___画，上边是___，下边是___。

(4) “苹”字一共有___画，上边是___，下边是___。

(5) “握”字一共有___画，左边是___，右边是___。

(6) “箭”字一共有___画，上边是___，下边是___。

zhào lì zi lián yi lián zǔ cí yǔ

5. 照例子连一连，组词语 (Link and form phrases after the model.)

问 毛 苹 葡 火 太

阳 箭 答 笔 果 萄

太阳 _____ _____ _____ _____ _____

dú kè wén tián kòng

6. 读课文，填空 (Fill in the blanks according to the text.)

(1) 船儿弯弯_______水边。

(2) 火箭尖尖_______上天。

(3) 鲤(lǐ)鱼红红水中_______。

(4) 太阳红红_______满天。

(5) 月亮弯弯_______天边。

(6) 葡萄圆圆一_______。

(7) 毛笔尖尖手中_______。

zhào lì zi xiě jù zi

7. 照例子写句子 (Make sentences after the model.)

例(lì)：什么弯弯挂天边？

月亮弯弯挂天边。

(1) 什么尖尖手中握？

____

(2) 什么红红照满天？

____

(3) 什么圆圆树上挂？

____

(4) 什么尖尖冲上天？

____

(5) 什么红红水中游？

____

(6) 什么弯弯停江边？

____

xīng qī èr
星期二
Tuesday

xiě yi xiě
1. 写一写 (Learn to write.)

尖

握

毛

箭						
圆						
串						

dú yi dú
2. 读一读 (Read aloud.)

火箭　箭头　一支箭

zhuō　liǎn

圆珠笔　圆桌　圆圆的脸　圆圆的苹果

一串串葡萄

什么小小会发芽?

种子小小会发芽。

什么尖尖冲上天?

尖尖的火箭冲上天。

什么串串树上挂?

葡萄串串树上挂。

shǔ bǐ huà　tián kòng
3. 数笔画，填空 (Count the strokes and fill in the blanks.)

(1)　“弯”字一共有___画，第七画是___。

(2)　“毛”字一共有___画，第三画是___。

(3)　“圆”字一共有___画，第七画是___。

(4)　“葡”字一共有___画，第八画是___。

(5)　“答”字一共有___画，第十一画是___。

(6)　“串”字一共有___画，第四画是___。

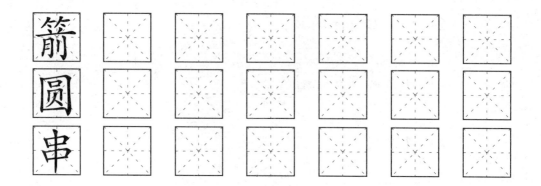

4. 照例子连一连，写汉字 (Link and write after the model.)

zhào lì zi lián yi lián xiě hàn zì

艹	弓	______
扌	平	______
舟	大	______
⺮	屋	______
亦	合	答
艹	㕣	______
⺌	匍	______

5. 比一比，再组词语 (Compare and form phrases.)

bǐ yi bǐ zài zǔ cí yǔ

苹______	答______	握______
葡______	箭______	提______
缸______	亮______	阳______
江______	高______	邮______

6. 读课文，判断句子，对的打"√"，错的打"×"

dú kè wén pàn duàn jù zi duì de dǎ cuò de dǎ

(Judge the correctness of the sentences below with "√" on each right sentence and "×" on each wrong sentence according to the text.)

(1) 船儿弯弯挂天边。 ( )

(2) 鲤(lǐ)鱼红红水中游。 ( )

(3) 月亮红红照满天。 ( )

(4) 火箭圆圆冲上天。 ( )

(5) 苹果圆圆一串串。 ( )

(6) 太阳弯弯挂天边。 ( )

7. 照例子写句子 (Make sentences after the model.)

zhào lì zi xiě jù zi

lì
例：什么弯弯挂天边？

月亮弯弯挂天边。

(1) ____________________？

雪花白白天上飘。

(2) ____________________？

大树高高立街边。

(3) ____________________？

石桥长长湖中过。

(4) ____________________？

毛笔尖尖手中握。

(5) ____________________？

太阳红红照满天。

(6) ____________________？

火箭尖尖冲上天。

xīng qī sān
星期三
Wednesday

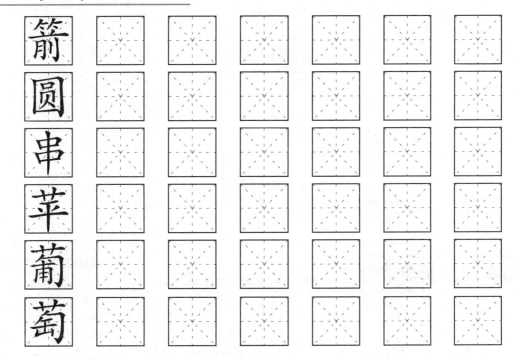

xiě yi xiě
1. 写一写 (Learn to write.)

箭						
圆						
串						
苹						
葡						
萄						

dú yi dú
2. 读一读 (Read aloud.)

苹果　圆圆的苹果　红红的大苹果

葡萄　一串串葡萄　又大又甜的葡萄

什么圆圆树上挂？

苹果圆圆树上挂。

什么圆圆一串串？

葡萄圆圆一串串。
什么绿绿地上长？
草儿绿绿地上长。
什么高高立街边？
大树高高立街边。

zhào lì zi xiě hàn zì zài zǔ cí yǔ
3. 照例子写汉字，再组词语 (Combine these parts to make characters and form phrases after the model.)

lì
例：⺮+毛→ 笔 → 毛笔

⺮+前→ ____ → ______

扌+屋→ ____ → ______

艹+平→ ____ → ______

⺮+合→ ____ → ______

亦+弓→ ____ → ______

舟+㕣→ ____ → ______

zhào lì zi xiě fǎn yì cí
4. 照例子写反义词 (Write antonyms after the model.)

lì
例：少——多

问—— ______ 直—— ______ 深—— ______

冷—— ______ 前—— ______ 快—— ______

zhào lì zi tián kòng
5. 照例子填空 (Fill in the blanks after the model.)

lì
例：月亮弯弯挂天边。

______弯弯停江边。 ______高高立街边。

______尖尖冲上天。　　______红红照满天。

______尖尖手中握。　　______红红水中游。

______圆圆一串串。　　______白白天上飘。

______绿绿地上长。

zhào lì zi wán chéng jù zi

6. 照例子完成句子 (Complete the sentences after the model.)

lì

例：火箭 尖尖 冲上天。

(1) 苹果______树上挂。

(2) 船儿______停江边。

(3) 太阳______照满天。

(4) 草儿______地上长。

(5) 石桥______湖中过。

(6) 毛笔______手中握。

xīng qī sì

星期四

Thursday

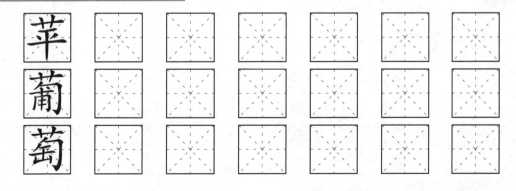

xiě yi xiě

1. 写一写 (Learn to write.)

苹						
葡						
萄						

答						
弯						
船						

dú yi dú

2. 读一读 (Read aloud.)

又大又红的苹果

先问后答　你们问我们答

弯弯的船儿　弯弯的小桥

高高的天空上，

有一个弯弯的月亮，

弯弯的月亮下面，

有一座长长的石桥，

长长的石桥下面，

有一条静静的小河，

静静的小河里，

也有一个弯弯的月亮。

zhào lì zi xiě chū xià liè zì de piān páng bù shǒu

3. 照例子写出下列字的偏旁部首 (Fill in the blanks with the radicals of the given characters below after the model.)

lì

例：们：亻

握：____	答：____
船：____	游：____
连：____	弯：____
圆：____	葡：____

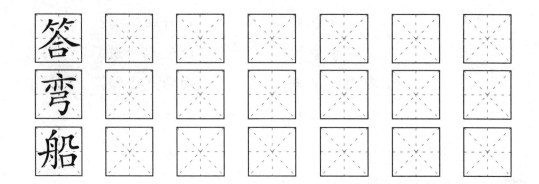

zhào lì zi xiě hàn zì zài zǔ cí yǔ

4. 照例子写汉字，再组词语 (Combine these parts to make characters and form phrases after the model.)

lì

例：⺮+毛→<u>笔</u> → <u>毛笔</u>

⺌+大→____ → ______

口+员→____ → ______

艹+匍→____ → ______

亻+卬→____ → ______

车+辶→____ → ______

告+非→____ → ______

艹+者→____ → ______

dú yi dú zài zǔ cí yǔ

5. 读一读，再组词语 (Read and form phrases.)

树______	毛______	尖______
书______	帽______	箭______
答______	圆______	船______
打______	园______	串______

zhào lì zi lián cí chéng jù

6. 照例子连词成句 (Put the given words in the correct order to make sentences after the model.)

lì lǐ

例：红红鲤鱼游水中，

<u>尖尖毛笔握手中。</u> (手中 尖尖 毛笔 握)

(1) 河儿宽宽山下流，

______________________ (江边 弯弯 船儿 停)

(2) 红红苹果树上挂，

______________________ （长　绿绿　草儿　地上）

(3) 小小鸟儿飞天上，

______________________ （高高　街边　大树　立）

(4) 雪花白白飘天上，

______________________ （月儿　映　弯弯　水中）

dú kè wén　huí dá wèn tí

7. 读课文，回答问题（Answer the following questions according to the text.）

(1) 船儿停在哪儿？

答：______________________________

(2) 什么是一串串的？

答：______________________________

lǐ

(3) 鲤鱼在哪儿游？

答：______________________________

(4) 什么红红照满天？

答：______________________________

(5) 什么是绿绿的？什么是白白的？

答：______________________________

(6) 什么是尖尖的？什么是圆圆的？

答：______________________________

xīng qī wǔ
星期五
Friday

bǎ xià mian de zì xiě wán zhěng
1. 把下面的字写完整 (Complete the following characters.)

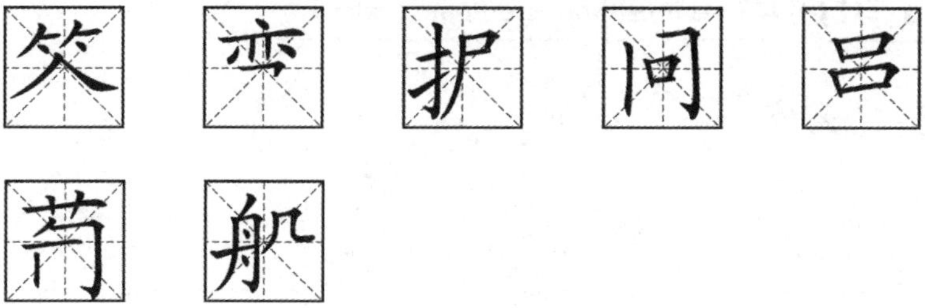

xiě chū dài yǒu xià liè piān páng bù shǒu de zì
2. 写出带有下列偏旁部首的字 (Write characters with the given radicals below.)

阝: _____ _____ _____

氵: _____ _____ _____

冫: _____ _____ _____

口: _____ _____ _____

犭: _____ _____ _____

⺮: _____ _____ _____

3. 选词语填空 (Choose the right words to fill in the blanks.)

xuǎn cí yǔ tián kòng

弯弯　甜甜　红红　白白　小小

高高　咸咸　尖尖　宽宽　绿绿

______的小船　　______的雪花

______的街道　　______的西瓜

______的太阳　　______的小草

______的火箭　　______的种子

______的楼房　　______的海水

4. 照例子组词语 (Form phrases after the model.)

zhào lì zi zǔ cí yǔ

例(lì)：空：天空　空中

答：______ ______　　毛：______ ______

船：______ ______　　游：______ ______

明：______ ______　　圆：______ ______

5. 造句 (Make sentences with the given words or expression.)

zào jù

(1) 什么 ______________________________

(2) 弯弯 ______________________________

(3) 尖尖 ______________________________

(4) 圆圆 ______________________________

(5) 回答 ______________________________

(6) 一串串 ______________________________

6. 照例子改病句 (Correct the following sentences after the model.)

zhào lì zi gǎi bìng jù

lì

例：太阳弯弯挂天边。

太阳圆圆挂天边。

(1) 毛笔圆圆手中握。

______

(2) 苹果弯弯地上长。

______

(3) 火箭圆圆一串串。

______

lǐ

(4) 鲤鱼红红树上挂。

______

(5) 月亮弯弯停江边。

______

7. 猜字谜 (Riddles)

cāi zì mí

(1) 上面一个“小”，下面一个“大”。（猜本课学过的一个字）____

(2) 小“口”在上，大“口”在下，“一”字中间过。（猜本课学过的一个字）____

(3) 左边一只“手”，右边一间“屋”。（猜本课学过的一个字）____

(4) 外面一张“口”，里面一个“员”。（猜本课学过的一个字）____

(5) “前”字上面有棵“竹”。（猜本课学过的一个字）____

dú yi dú

8. 读一读(Read aloud.)

蓝蓝的天上白云飘，
白云下边马儿跑，
红红的花，绿绿的草，
这里的风光多么好！

bǎ kè wén bèi gěi bà ba mā ma tīng ràng tā men píng ping fēn

9. 把课文背给爸爸妈妈听，让他们评评分

(Recite the text to your parents and ask them to grade your performance.)

评　分	家长签名

yuè liang shang yǒu shén me

12. 月亮上有什么

Lesson 12 What's There on the Moon

xīng qī yī

星期一

Monday

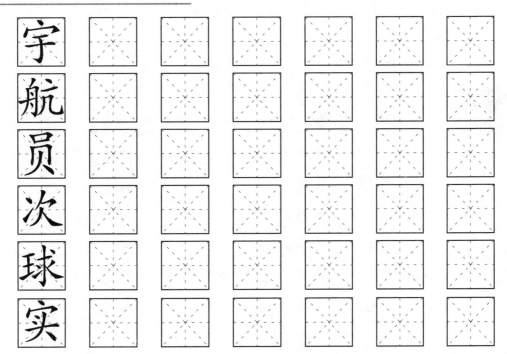

xiě yi xiě

1. 写一写 (Learn to write.)

宇						
航						
员						
次						
球						
实						

dú yi dú

2. 读一读 (Read aloud.)

宇航员　航海　航天　航行　航空　船员　运动员

宇航员安全地到达了月球。

宇航员安全地回到了地球。

哥哥安全地登上了山。

妹妹安全地回到了家。

zhào lì zi gǎi cuò bié zì

3. 照例子改错别字 (Find out and correct the wrong characters after the model.)

lì

例：常晒太阳才建康。(健)

(1) 宇航圆看见月救上到处是阳光。(球) (员)

(2) 人类买现了登月的梦相。(想) (实)

jìng

(3) 月球是一个很安净的世界。(　　) (　　)

(4) 他飞尝喜欢观察大自然。(　　) (　　)

(5) 他们代着月球上的呢土和石块回到了地球。

(　　) (　　)

shǔ bǐ huà tián kòng

4. 数笔画，填空 (Count the strokes and fill in the blanks.)

(1) "宇"一共有 6 画，上边是 宀 ，下边是 子 。

(2) "航"一共有 10 画，左边是 舟 ，右边是 亢 。

(3) "球"一共有 11 画，左边是 王 ，右边是 求 。

(4) "梦"一共有 11 画，上边是 林 ，下边是 夕 。

(5) "类"一共有 9 画，上边是 米 ，下边是 大 。

(6) "泥"一共有 8 画，左边是 氵 ，右边是 尼 。

zhào lì zi lián yi lián zǔ cí yǔ

5. 照例子连一连，组词语 (Link and form phrases after the model.)

实　　人　　梦　　世　　安　　到

全　　处　　界　　现　　类　　想

______ ______ ______ 实现 ______ ______

dú kè wén tián kòng

6. 读课文，填空 (Fill in the blanks according to the text.)

人们很早很早________就想看个明白。一九六九年七月二十日，美国的两名宇航员________________月球，________人类登月的________。

七月十六日，他们________“阿波罗”(ā luó)号飞船________了地球。飞船飞________很快，飞了________才________月球。宇航员打________门，看见月球上到处________，到处________ ________，________一只飞鸟，________一点儿声音。月球是一个________________的世界。

七月二十四日，他们________月球上的泥土和石块，____________回到了地球。

zhào lì zi xiě jù zi

7. 照例子写句子 (Reconstruct the sentences with the given expressions after the model.)

例(lì)：明明学习中文。（认真地）

明明认真地学习中文。

(1) 云云观察大自然。（细心地）

____

(2) 宇航员回到了地球。（安全地）

____

(3) 小朋友们在公园里游玩儿。（开心地）

____

(4) 小猫在河边钓鱼。（专心地）

____

(5) 妹妹听妈妈讲故事。（安静地）

____

xīng qī èr
星期二
Tuesday

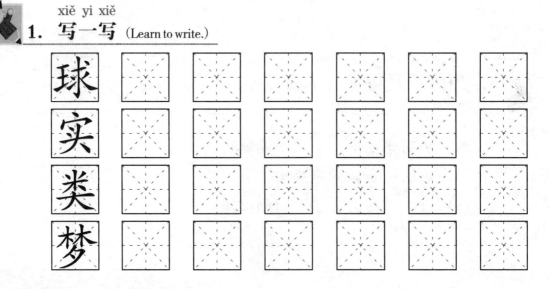

xiě yi xiě
1. 写一写 (Learn to write.)

球

实

类

梦

号						
达						

dú yi dú

2. 读一读 (Read aloud.)

一次　几次　多次　第一次　第几次

月球　地球　星球　足球　　球员

实现　实话　实现梦想

云云实现了去中国的梦想。

fán ěr

方方实现了去凡尔赛宫的梦想。

月球是一个非常安静的世界。

héng

张衡是中国古代一个非常著名的天文学家。

这是妹妹的两只小花猫。

美国的两名宇航员第一次登上了月球。

我买了三本非常有趣的童话书。

zhào lì zi lián yi lián xiě hàn zì

3. 照例子连一连，写汉字 (Link and write after the model.)

宀	舟	口	冫	大	王	田	林
贝	米	于	介	亢	夕	欠	求
员	____	____	____	____	____	____	____

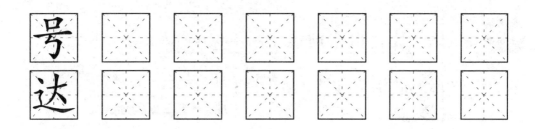

bǐ yi bǐ　zài zǔ cí yǔ

4. 比一比，再组词语 (Compare and form phrases.)

{次＿＿＿＿ 吹＿＿＿＿ 欢＿＿＿＿　{员＿＿＿＿ 另＿＿＿＿　{航＿＿＿＿ 船＿＿＿＿　{球＿＿＿＿ 救＿＿＿＿

{察＿＿＿＿ 登＿＿＿＿　{边＿＿＿＿ 达＿＿＿＿　{实＿＿＿＿ 买＿＿＿＿

dú kè wén　pàn duàn jù zi　duì de dǎ　cuò de dǎ

5. 读课文，判断句子，对的打“√”，错的打“×”

(Judge the correctness of the sentences below with “√” on each right sentence and “×” on each wrong sentence according to the text.)

(1) 一九九六年七月二十四日，美国的两名宇航员第一次登上了月球。　(　　)

(2) 月球是一个非常安静的世界。　(　　)

(3) 月球上到处都是石头、泥土和飞鸟。　(　　)

(4) 一九六九年七月十六日，美国宇航员坐“发现号”飞船离开了地球。　(　　)

(5) 飞船飞了三个多小时才到达地球。　(　　)

(6) 宇航员打开门，看见月球上很黑，没有一点儿阳光。　(　　)

zhào lì　zi xiě jù zi

6. 照例子写句子 (Reconstruct the sentences with the given words after the model.)

lì
例：妈妈买了书。（三本）

妈妈买了三本书。

(1) 我要买长城邮票。（三张）

＿＿＿＿＿＿＿＿＿＿＿＿＿＿＿＿＿＿＿＿

(2) 老牛在河边喝水。（一头）

____

(3) 司(sī)马光找来了大石头。（一块）

____

(4) 公园里有长长的走廊(láng)。（一条）

____

(5) 美国的宇航员第一次登上了月球。（两名）

____

(6) 天上的那七颗星星连起来像勺子。（一把）

____

xīng qī sān
星期三
Wednesday

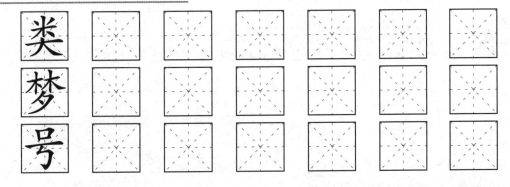

xiě yi xiě
1. 写一写 (Learn to write.)

类

梦

号

达						
泥						
非						
世						
界						

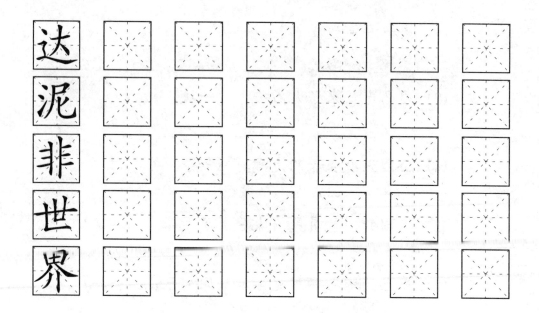

2. 读一读 (dú yi dú) (Read aloud.)

大号　中号　小号　记号

梦想　做梦　梦话　美梦成真　做白日梦

达到　到达　达成

飞船飞得很快。

小乌龟爬得非常慢。

明明汉字写得不错。

亮亮汉语说得很好。

云云中文歌唱得十分好听。

妈妈菜做得十分好吃。

3. 照例子写一写 (zhào lì zi xiě yi xiě) (Write characters below in the stroke order after the model.)

例(lì)：一 → 二 → 三 → 丰

___ → 冂 → ___ → ___ → 号

___ → ___ → ___ → ___ → 讠大 → 达

一→十→___→___→世

丨→___→彐→___→___→___→___→非

丶→___→宀→___→___→___→___→实

___→___→冂→___→___→罒→___→___→界

___→丿→___→⺝→___→___→___→___→___→航

zhào lì zi xiě hàn zì zài zǔ cí yǔ

4. 照例子写汉字，再组词语 (Combine these parts to make characters and form phrases after the model.)

lì

例：日＋青→晴→晴天

舟＋亢→___→______

冫＋欠→___→______

冖＋贝→___→______

王＋求→___→______

宀＋头→___→______

米＋大→___→______

zhào lì zi zhǎo chū bù tóng lèi de cí xiě zài lǐ

5. 照例子找出不同类的词，写在（　）里 (Fill in each blank with the word which does not belong to its group after the model.)

lì hóu

例：猴子　兔子　乌龟　虫子　（虫子）

(1) 月球　地球　足球　星球　（　　）

(2) 火箭　汽车　飞机　飞船　（　　）

(3) 小猫　小猴(hóu)　小马　小时　（　　）

(4) 毛笔　石块　本子　书包　（　　）

(5) 耳朵　眼睛　房间　嘴巴　（　　）

(6) 高兴　开心　快乐　点心　（　　）

lián cí chéng jù

6. 连词成句（Put the given words in the correct order to make sentences.）

(1) 得　花儿　开　美　非常

____

(2) 小朋友　十分　玩　开心　得

____

(3) 快　飞船　飞　十分　得

____

(4) 汉语　得　好　非常　爷爷　说

____

(5) 妈妈　做　菜　好吃　得　非常

____

(6) 画　方方　画儿　好看　得　十分

____

zhào lì zi lián jù zi

7. 照例子连句子 (Link relevant phrases to make sentences after the model.)

飞船	砸破了	一条大鱼。
月球	飞得	两个多小时。
人类	钓到	大水缸。
宇航员	工作了	登月的梦想。
小猫	是	一个非常安静的世界。
司(sī)马光	实现了	很快。

xīng qī sì
星期四
Thursday

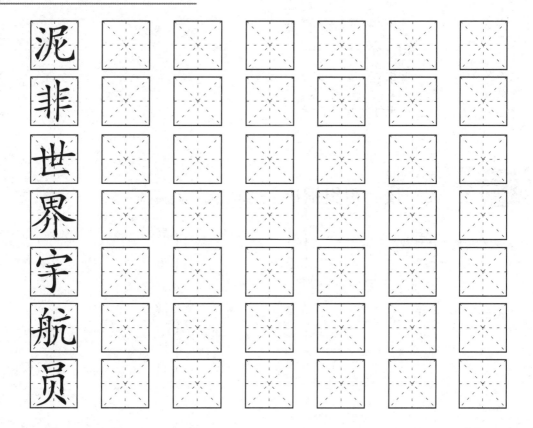

xiě yi xiě
1. 写一写 (Learn to write.)

泥

非

世

界

宇

航

员

dú yi dú
2. 读一读 (Read aloud.)

宇航员飞了三天才到达月球。

亮亮走了二十分钟才到达学校。

我写了一个小时才写完作业。

云云吃了一个小时才吃完午饭。

东东想了很久才想出一个好办法。

zhào lì zi xiě hàn zì zài zǔ cí yǔ

3. 照例子写汉字，再组词语 (Combine these parts to make characters and form phrases after the model.)

lì

例：米+大→ 类 → 人类

林+夕→ ___ → _____

大+辶→ ___ → _____

氵+尼→ ___ → _____

田+介→ ___ → _____

矢+豆→ ___ → _____

青+争→ ___ → _____

dú yi dú zài zǔ cí yǔ

4. 读一读，再组词语 (Read and form phrases.)

{宇_____ {员_____ {界_____
{于_____ {圆_____ {街_____

{非_____ {尝_____ {试_____
{飞_____ {常_____ {世_____
{市_____

zhào lì zi huí dá wèn tí

5. 照例子回答问题 (Answer the following questions with the given expressions after the model.)

lì

例：弟弟玩了多久玩具？（一会儿）

弟弟玩了一会儿玩具。

(1) 姐姐做了多久作业？（一上午）

____

(2) 宇航员在月球上工作了多长时间？（两个小时）

____

(3) 云云在中文学校学了多久中文？（一年）

____

(4) 明明看了多久画报？（一下午）

____

(5) 飞船飞了多久才到达月球？（三天多）

____

(6) 爸爸放了多长时间假？（一个星期）

____

dú kè wén huí dá wèn tí

6. 读课文，回答问题 (Answer the following questions according to the text.)

(1) 美国的两名宇航员什么时候第一次登上了月球？

答：______________________________

ā luó

(2) "阿波罗"号飞船飞了多久才到达月球？

答：______________________________

(3) 宇航员在月球上工作了多长时间？

答：______________________________

(4) 在月球上看不见什么？听不到什么？

答：______________________________

(5) 在月球上可以看见什么？

答：______________________________

(6) 宇航员带了月球上的什么东西回到了地球？

答：______________________________

xīng qī wǔ
星期五
Friday

bǎ xià mian de zì xiě wán zhěng
1. 把下面的字写完整 (Complete the following characters.)

xiě chū dài yǒu xià liè piān páng bù shǒu de zì
2. 写出带有下列偏旁部首的字 (Write characters with the given radicals below.)

王：______ ______ ______

月：______ ______

灬：______ ______

门：______ ______

辶：______ ______ ______

心：______ ______ ______

xuǎn cí yǔ tián kòng
3. 选词语填空 (Choose the right words to fill in the blanks.)

早　晚　安静　热闹　深　浅　高　低　大

(1) 水缸又大又______，里面装满了水。

(2) 月球是个非常______的世界。

(3) 人们很______以前就想知道月球上有什么。

(4) 新年到了，真______。

(5) 一天______上，猴(hóu)子们在水里捞月亮。

(6) 老牛又______又______，他会觉得河水很______；小松鼠(sōng shǔ)那么小，他一定会说河水很______。

(7) 小猴(hóu)子______下头一看，水中有一个月亮。

zhào lì zi zǔ cí yǔ
4. 照例子组词语 (Form phrases after the model.)

例(lì)：冰：冰水　冰山

实：______　______

球：______　______

航：______　______

到：______　______

安：______　______

声：______　______

光：______　______

zhào lì zi zào jù

5. 照例子造句 (Make sentences with the given words after the model.)

lì

例：什么 你想买什么东西？

(1) 安静 ______________________

(2) 到处 ______________________

(3) 实现 ______________________

(4) 安全 ______________________

(5) 才 ______________________

(6) 非常 ______________________

zhào lì zi gǎi bìng jù

6. 照例子改病句 (Correct the following sentences after the model.)

lì　　　　jìng

例：公园里有湖明净的。

jìng

公园里有明净的湖。

(1) 他们实现了人类梦想登月的。

____

(2) 月球是世界一个非常安静的。

____

(3) 花园里有花美丽的。

____

(4) 天空中布满了星星明亮的。

____

fán ěr

(5) 凡尔赛宫是园林一座又大又美丽的。

____

Sī

(6) 中国古代有一个孩子聪明的，叫司马光。

____

cāi zì mí

7. 猜字谜 (Riddles)

(1) “米”字“大”上坐。(猜本课的一个字) ______

(2) “贝”字上面一张“口”。(猜本课的一个字) ______

(3) “田”字下面立个“介”。(猜本课的一个字) ______

(4) “人”在“王”上坐。(猜本课的一个字) ______

(5) 左边一个“土”，右边一个“也”。(猜本课的一个字) ______

(6) 上面一个“林”，下面一个“夕”。(猜本课的一个字) ______

bǎ kè wén dú gěi bà ba mā ma tīng ràng tā men píng ping fēn

8. 把课文读给爸爸妈妈听，让他们评评分

(Read the text aloud to your parents and ask them to grade your performance.)

评 分	家长签名

图书在版编目（CIP）数据

中文·第四册练习册（B）/中国暨南大学华文学院编. —修订版. —广州：暨南大学出版社，2007.7

ISBN 978-7-81029-638-0

Ⅰ.中…
Ⅱ.中…
Ⅲ.对外汉语教学
Ⅳ.H195

监　制：中华人民共和国国务院侨务办公室

（中国·北京）

监制人：刘泽彭

电话/传真：0086-10-68320122

编写：中国暨南大学华文学院

（中国·广州）

电话/传真：0086-20-87206866

出版/发行：暨南大学出版社

（中国·广州）

电话/传真：0086-20-85221583

印制：东港股份有限公司

1997年6月第1版　2007年7月第2版　2019年2月第30次印刷

787mm×1092mm　1/16　6.75印张